Nuestra comunidad global

La agricultura

Cassie Mayer

Heinemann Library
Chicago, Illinois

Customer Service 888-454-2279
Visit our website at www.heinemannraintree.com

Designed by Joanna Hinton-Malivoire
Photo research by Ruth Smith
Printed and bound in China by South China Printing Co. Ltd.
Translation into Spanish produced by DoubleO Publishing Services

11 10 09 08 07
10 9 8 7 6 5 4 3 2 1

The Library of Congress has cataloged the first edition of this book as follows:
Mayer, Cassie.
  [Farming. Spanish]
  La agricultura / Cassie Mayer.
     p. cm. -- (Nuestra comunidad global)
  Includes index.
  ISBN 1-4329-0443-4 (hb - library binding) -- ISBN 1-4329-0452-3 (pb)
  1. Agriculture--Juvenile literature. I. Title.
  S519.M2918 2007
  630--dc22
                              2007022304

Acknowledgements
The publishers would like to thank the following for permission to reproduce photographs: Alamy pp. **7** (Foodfolio), **13** (Sue Wilson); Corbis pp. **4**, **5** (Scott Sinklier), **6** (Stuart Westmorland), **8** (Michael S. Yamashita), **9** (Gary Houlder), **10** (Christine Osborne), **11** (Hein van den Heuvel/zefa), **12** (Ed Young), **14** (Thierry Prat/Sygma), **15** (Alison Wright), **16** (Wolfgang Kaehler), **17** (Margaret Courtney-Clarke), **18** (Randy Wells), **19** (B.S.P.I.), **20** (Keren Su), **21** (aldrin Xhemaj/epa), **22** (Frans Lanting), **23** (Randy Wells; aldrin Xhemaj/epa; Wolfgang Kaehler).

Cover photograph reproduced with permission of Corbis/Keren Su. Back cover photograph reproduced with permission of Corbis/Michael S. Yamashita.

Contenido

La agricultura en el mundo entero

Una granja es el lugar donde crece el alimento.

Una persona que se dedica a la agricultura es un agricultor.

¿Qué cultivan los agricultores?

trigo

Los agricultores cultivan trigo.

6

Con el trigo hacemos pan.

arroz

Los agricultores cultivan arroz.

Nosotros comemos arroz.

bananas

Los agricultores cultivan frutas.

manzanas

Nosotros comemos frutas.

rábanos

Los agricultores cultivan verduras.

Nosotros comemos verduras.

¿Qué crían los agricultores?

Los agricultores crían vacas.

14

Nosotros bebemos leche de vaca.

lana

Los agricultores crían ovejas.

lana

Nosotros usamos lana de oveja.

¿Cómo trabajan la tierra los agricultores?

Los agricultores usan máquinas grandes para trabajar la tierra.

Los agricultores usan máquinas pequeñas para trabajar la tierra.

Los agricultores usan animales para trabajar la tierra.

Los agricultores usan herramientas para trabajar la tierra.

Los agricultores usan la tierra para cultivar alimento. Los agricultores son importantes para todos.

Glosario ilustrado

máquina objeto que te ayuda a hacer algo.
Las máquinas hacen el trabajo más fácil.

herramienta objeto que usas con las manos.
Las herramientas hacen el trabajo más fácil.
Las herramientas pueden ser más pequeñas
que las máquinas.

lana el pelaje de las ovejas. Usamos la lana
para hacer suéteres.

Índice

Nota a padres y maestros

Esta serie abre los horizontes de los niños más allá de sus vecindarios para mostrarles que las comunidades en todo el mundo comparten similares características y rituales de la vida diaria. El texto ha sido seleccionado con el consejo de un experto en lecto-escritura para asegurar que los principiantes puedan leer los libros de forma independiente o con apoyo moderado. Unas fotografías impresionantes refuerzan visualmente el texto y el material capta la atención de los estudiantes.

Usted puede apoyar las destrezas de lectura de no ficción de los niños ayudándolos a usar el contenido, el glosario ilustrado y el índice.